O Sonhador

Poemas de Fubbi

MODESTE HERLIC

Goiânia
Edição do autor
2023

O Sonhador
Poemas de Fubbi

Traduzido por Modeste Herlic

"No meio da noite, Fubbi despertou e sentou-se à sua modesta escrivaninha onde havia uma caneta e algumas folhas de papel em branco. Essas, embora nuas, foram banhadas por sopros de coragem, sabedoria e alegria. Não se sabe quanto tempo ele permaneceu lá. Porém, enquanto escrevia, escapava-lhe a própria pretensão. Com toda a humildade, expressou o que brotava da alma. Os versos, livres ou encadeados, fluíam como um rio correndo no vale do desconhecido."

M.H

SUMÁRIO

Coragem 5

Sou o universo 49

Canções de alegria 58

Poesia 70

Gita 75

Sabedoria 83

Canções da alma 110

Coragem

6

Viva o momento presente
pois os dias são incertos
e a sua vida não durará para sempre
Seja você mesma hoje e agora
e faça o que te deixa feliz

O Sonhador

Não deixe o olhar alheio te intimidar
Suas costas são tão macias, tão delicadas
Seja forte
Mantenha a cabeça erguida
e ignore os invejosos

Todas as noites
vou à minha janela
e ponho sementes de sorrisos
numa tigela
Tenho grande amor
pelo rouxinol
Todas as manhãs
Oh! Belo pássaro!
Todas as manhãs
Sua canção é alegria
Seu trinado é poesia

A sorte bate à sua porta
e você se recusa a abri-la
Isso é um absurdo!
É estupidez sua
quando não quer aceitar
que a vida é bela
e que tudo é possível

Ontem sonhei
que eu era o vento
que enchia o mundo
para onde quer que eu fosse
Em todas as festas, eu dancei
Em todos os cantos, eu dormi
Vi homens chorando
Vi outros banqueteando
Chorei e dancei com eles
Na tristeza e na alegria

Com meu alaúde dourado
Toquei e cantei para o mundo:
"O-o-o-o-o-o-o-o-o-om
o-o-o-o-o-o-o-o-om
Como é maravilhoso
ouvir as melodias do universo!
Como é infinito esse regozijo!"

Os mais tristes esqueceram sua tristeza
Dançaram e cantarolaram
Minha melodia tornou-se seu banquete
Rosas cresceram em seus jardins
E juntos cantamos:
"O-o-o-o-o-o-o-o-o-om
o-o-o-o-o-o-o-o-om
Como é maravilhoso
ouvir as melodias do universo!
Como é infinito esse regozijo!"

Peguei o arco do triunfo
Tigre, lobo e pantera
andam na minha sombra
Sou o leão que cai e se levanta

12

O que descansa no termo da angústia?
Você sabe?
Só posso dizer
que depois de cada noite
o sol me abre um sorriso

Você que está sem fôlego
sob o jugo do desespero
solte a amargura
afugente o medo
Respire
Profundamente, até os limites do descanso
Profundamente, até a terra da alma
Ouça seu coração
Sinta a chegada da alegria
Deixe-a entrar
em seu ser mais íntimo
e encha-se de júbilo

Por que você está deprimido
e consumido pelo fracasso de ontem?
Olhe para a vida ao seu redor
No jardim do recomeço
as flores exalam a fragrância de Amor
o verde do prado brilha com ardor
Por toda parte, as leis da natureza reinam
no coração da Beleza Eterna

A paisagem, um cenário verde e rubra
do qual você é o único pintor
Se você sente o próprio coração
olhe para o horizonte
confie no nascer do sol
e escute o universo
pois cada canto do galo
anuncia uma nova jornada
Por que lamentar hoje
se amanhã é um novo dia?

15

Doravante, farei apenas uma coisa:
"Carregar uma cesta cheia de sorrisos
enquanto vagueio de um lado para o outro
como uma nuvem de chuva
sobre o mundo e seus mistérios
Se eu tiver de cair
cairei suavemente
discreto como uma gota do contentamento"

16

Oh! Sol radiante!
o olho que tudo vê
a estrela que tudo sabe
Ouça minha canção
pois canto seu nome

Na estrada da vida
o Tempo não para
mas no mar profundo do céu
meu poema gira e gira
sem fim, sem começo

Sorrio, não porque minha vida é perfeita
Sorrio, porque com o coração leve
o fardo da minha existência
pesa menos que uma pluma
Com essa, escrevo linhas de Amor
para você se lembrar
que sua vida é bela

18

A vida lhe pertence
É inteiramente sua
e sem a sua presença nela
não haveria o Eu
Então, quando você ficar sem fôlego
lembre-se:
"Toda a beleza do mundo
todo o encanto do universo
é tudo seu
É para você desfrutar
É para você se deleitar
É para você apreciar"

Quando a vida me rouba
a alegria do dia a dia
vou aos escombros do coração
pego os tijolos menos quebrados
e construo a torre da esperança

Já que minha própria vontade me ilude
Vou em busca da vontade do céu
Ela está lá, no meio da noite
no jardim celestial
onde as flores são vinhos
onde a alegria é um prado
Deitar-me-ei ali, sereno
Ó! Vontade do céu!
Que seus raios dourados
e suas joias caiam sobre mim

Certo dia, ouvi um sábio dizer:
"O amor apaga as linhas mal escritas"
Frases vãs ou enganosas
Toda beleza se desvanece
diante do Amor
como uma flor maligna
no caramanchão da primavera

No caderno da vida
só o Amor corrige os erros
No caderno da vida
só o Amor escreve novamente
E o Amor sempre redige
com a melhor tinta que possa existir

23

Você toca a lua
em seu devaneio
porque nada
neste mundo
pode limitar seus sonhos

24

Acredite em si
e tenha a coragem de dizer
"Eu te amo"
a seus entes queridos
antes que seja tarde

25

O homem que sou
não deixa a busca do pão
embelezar a fome da alma
O homem que sou
não deixa o sabor do vinho
encobrir a sede da alma

Há um segredo
no coração da rosa
que dei à minha amada
É o mesmo
no coração do lótus
no pântano
perto do meu centro
É esse o mistério dos mistérios?
O enigma que satisfaria
a fome e sede da alma?

Paro tudo e vou-me embora
Deixo as trivialidades deste mundo
povoado por muitos tolos
cheios de paixões
Caminharei, sozinho
com a mente livre
Com certa leveza
deixarei o zéfiro
acariciar meu rosto

A cada passo à frente
você tem a sensação
de cair aos pedaços
O desespero a aflige
O cansaço queima sua fé
Mas antes de desistir
levante a visão
e lembre-se:
*"No morrer da noite
o amanhecer dá as boas-vindas
a um novo dia
uma nova oportunidade
para você se aceitar
para você se amar"*

Na verdade
sou um sopro de vento
fresco e eterno
criado para arejar a existência
onde dias são rosas
onde noites são perfumes

Sob o jugo do dia
o glorioso sol
desperta minha visão
Na prisão da noite
a lua brilhante
ilumina minha missão
A jornada da vida parece eterna
No entanto, o caminho está livre
E as estrelas infinitas
vivem, entoando
cânticos de Amor
Eis-me aqui
cercado pelo festival do universo

Como pode a vida me prejudicar?
Nem sou nascido
eterno como o tempo
Sou uma alma
que não sangra
Não tenho cor, nem rosto
nem mente, nem corpo
EU SOU simplesmente
um mistério para mim mesmo

A Vida não é um lugar para perecer
e se for o caso
Não quero saber
Deixarei a Morte seguir seu curso
Agora quero abrir a gaveta
e trocar de roupa
Há mil vidas
esperando por mim
na sala de jantar

A Morte, a Morte?
O que quer dizer?
Sou um rio
Meu bailar nunca para
Minhas andanças são eternas
Minha canção é permanente
Viajo pelo mundo
mas permaneço o mesmo
sempre em movimento
sempre em repouso

Tenha amor em seus olhos
em seus gestos
em seu discurso
em seus pensamentos
em seus sonhos
Tenha amor
e não diga nada
Tenha amor
mesmo que a vida zombe de ti
e que o mundo te oprima
Tenha amor
e não peça nada em troca
Porque *"Ter Amor"*
é ter Tudo

35

Quando alcançar os astros
olhará montanha abaixo
sentirá o ar puro da vitória
Os sofrimentos do passado
terão valido a pena

Num passado longínquo
sofri sem remissão
então quis conhecer
a alma misericordiosa
e quando me entreguei a ela
encontrei-me comigo mesmo
Nem o tempo nem o espaço me definiam
Minha compaixão não tinha lugar na Terra
Sou imensidão
Sou maior que o mundo que me abriga

37

Nenhum medo pode conquistar
meu amor interior
e dentro de mim
sou o rei
de um vasto império

Dizem
que você fala com enigmas
que seu poema não é poesia
que você não segue as regras
que sua mente escapa à lógica
que suas palavras perturbam
Dizem muitas coisas
Contudo, quando olho para você
somente o silêncio faz eco

39

Ondas de riqueza vêm e vão
Ondas de tristeza vêm e vão
Mas sou o mar
Todos os rios me servem
O que hei de temer?

Sou um ser humano
com muitas imperfeições
e muitas qualidades
Faltam-me muitas virtudes
Entretanto
alguns princípios me engrandecem
Entre esses
tenho orgulho de apenas um
que carrego sempre comigo:
"O Amor"

41

Aprendi a amar a vida
mesmo que ela pareça me oprimir
mesmo que eu não seja digno de seu perdão
Amo a vida e o Amor
é a única virtude
que não me condena

42

No firmamento azulado
passeiam infinitos raios dourados
que caem sobre a Terra
como uma tempestade de ouro
Hoje quero viver que nem louco
correr de alegria
jogar-me na areia quente
Desejo apenas uma coisa
que o céu inteiro caia sobre mim!

43

Diante da montanha
que toca o céu
o discípulo entristecido
baixou a cabeça
Então o mestre disse:
— *O vencedor genuíno*
não se preocupa
nem com o futuro
nem com o passado.
Ele não conhece o medo.
Como o vento da vida
avança sem arrependimento,
sempre fiel a seus sonhos
e aspirações.

44

Para onde quer que eu vá, conquistarei o mundo
Minhas palavras se inspiraram do sol nascente
Não há escuridão para mim
Nasci para superar a negatividade
Vencerei todas as guerras

45

Meu coração é sempre verdadeiro
tanto no exterior como no interior
Minha bondade não tem inimigo no mundo

Quando vem a noite
as estrelas se tornam flores
no lago profundo do céu
Os homens dançam ao redor da fogueira
enquanto os anjos celebram longe do mental

É nessas horas
que me deito
envolvendo-me num cobertor
solitário em meu ninho

Ali vejo-me completamente só
longe de meus conterrâneos
Com um leve sorriso
durmo tranquilamente
e sonho com anjos
celebrando o Nirvana

47

Quem disse que a noite é assustadora?
De onde estou, vejo apenas diamantes
No azul-escuro, todos lucilam
Toda essa luminosidade vem do sol adormecido
Ninguém pode escapar do brilho divino
nem mesmo a lua de olhos cinzentos
A noite não é assustadora
É luminosa e cheia de bons conselhos
para aqueles que refutam ideias obscuras

O Supremo
como eu Te amo
na simplicidade da vida
na beleza do universo

Quando a brisa
toca meu rosto
sinto Tua Carícia suave

No céu anil
nem claro, nem escuro
as nuvens douradas
e tempestuosas
formam a Unidade

O Supremo
Teu Rosto infinito
um deleite para a alma
Confio em Ti
"Oh! Amor Eterno"
Aclara meu juízo
através deste novo ciclo

49

Sou o universo

50

As flores da paisagem
são mais que verdes
são joias de ouro

51

O universo fala com palavras
que não têm som
mas o homem cujo coração é bom
pode ouvir as canções do vento

A jornada é longa
A missão é desconhecida
Porém, acima de mim
respira um mar de astros cintilantes
Olho para cima com toda calma
"Maravilhoso, maravilhoso!
Não há nada mais belo!"

As respostas do mundo
são reunidas em um só sopro
Desde que observei minha verdade
deito-me sereno e cheio de graça

54

As coisas que têm sido feitas
e as que serão feitas
são átomos do vento
que dançam na superfície dos rios
São passos de redemoinho
que retornam aos primórdios
à origem de todos os universos

55

Na margem do rio
a brisa dança
e seu movimento
regozija-se com os ramos de árvores
Essa agradável aragem sussurra notas e acordes
que abanam o rosto da corrente
Que belo, o ramalhar canoro!
Dance, vento divino
Cante, brisa divina
A vida é uma canção
A vida é uma dança

Ouça a minha voz
Sou o vento
Ouça a minha canção:

"A pantera corre e cansa
A tartaruga anda e descansa
A pantera salta com anseio
A tartaruga deita-se em silêncio
A pantera procura o alvo
A tartaruga segue o caminho"

Descanse, minha amiga
Descanse e tenha fé
Confie na minha canção
Sou eu o caminho
Sou o vento da superação

57

No âmago das noites
estendem-se oceanos de sonhos
São histórias de muitos mundos
dissimulados na maré das lembranças
e nas ondas dos desejos
imagens que transcendem o Tempo

Não sou vaidoso
ao dizer que sou eterno

Modeste Herlic

Canções de alegria

Solte-se
Sacuda o desejo
Acolha a alegria
Ouça o coração
que quer desabrochar
abrindo-se como um lótus
expandindo-se como uma estrela
se você se mover
se você se permitir
cantar com os pássaros
dançar com as borboletas

A vida é uma jornada incerta
uma viagem para mil destinos
uma navegação em mil mares
mares de mil ondas
ondas com mil danças

Espero que um dia
a humanidade se torne uma dançarina
e que todos os seus problemas
virem passos de valsa

61

Um rio de alegria
flui através da janela
"Alegremente, alegremente"
Ó! Pássaro adorável!
Não há melhor maneira
de começar meu dia

62

Oh! Vida!
Alegria e alegria
o deleite de dançar
o prazer de cantar
tudo isso vale a pena
E se eu tiver que viver novamente
farei tudo isso com mais alegria

Gotas de água jubilam no mar
Aves de alegria cantam no céu
A vida é uma estrela-cadente
Não a perca de vista
Olhe para cima, antes que seja tarde
Você não consegue vê-la
porque passa o dia na ânsia
Demasiada nostalgia constrói a morada do tédio
Então esqueça as mágoas do passado
porque o *"Merry Boat"* só passa uma vez

O coração do bom marinheiro
É cego e ama a todos
É agora ou nunca
Salte no *"Merry Boat"*
Observe a água dançante
e os peixes-voadores
O marinheiro está sorrindo
com dentes de ouro
Ah! Como é maravilhoso o *"Merry Boat!"*

64

Cante e dance
agora e para sempre
As estrelas querem ouvi-la
querem cintilar
querem brilhar

Cante e dance
agora e para sempre
Envolva o céu
e seu caminho estará aclarado
seus passos estarão iluminados

65

Sonhar é viver
Viver é sonhar
E se você gosta de aventura
viva, dançando
Dance aqui
Dance lá
Há sempre um passo
para frente ou para trás
Dance aqui
Dance lá
para frente ou para trás
Você sempre tem a escolha
Você sempre pode recomeçar

Como é bom ser feliz
ser uma criança novamente
cheia de bondade
cheia de inocência
com uma alma antiga
e pulando de alegria

As coisas de amanhã
e as de ontem
pensamentos de demasiado tormento
É demais para o meu tamanho
Por isso, grito
"não" ao futuro
"não" ao passado
O que está no passado
é o passado
O que está por vir
virá
quer eu goste ou não
mas já que tudo aqui é inquieto
vou-me embora
Vou com minha alegria
e uvas de amor em minha algibeira

Hoje
quero tempestade
uma tempestade de alegria
que virará minha vida
de baixo para cima

Hoje
quero trovão
um trovão de amor
que varrerá o céu
dos meus sonhos
e aspirações

Hoje
quero chuva
uma chuva de ternura
que cai suavemente

Eis-me aqui, levantando as mãos
Com os braços abertos
respiro fundo
aceito o que vier

69

Cada dia do ano
é primavera para mim
Ninhos de cotovias
ornam meu jardim
Todas as manhãs
prados de alegria
e sons melodiosos
encantam meus ouvidos

Poesia

Poetize, minha linda
em todas as cidades
em todos os cantos
você é mais que escritora

Percorra as estradas da vida
escreva, escreva poesia
nos jardins da existência
escreva, escreva poesia
em todas as cidades
em todos os cantos

Você é mais que escritora
Você é a perfeita costureira
que sabe enroupar a *"Desolação"*
com vestido e botas de alegria

72

Seja poetisa
de noite e de dia
Seja poetisa
na morte e na vida
Seja poetisa
na alegria e na tristeza
Seja poetisa
no canto e na dança

Onde os ouvidos falham
você espalha sorrisos
Onde as dores formigam
você rega flores
Tudo isso apenas com palavras
Oh! Bela poetisa!
Que grandeza!

Quando tudo é ilusão
quando tudo é escuridão
ó bela poetisa
que não conhece a derrota
Você é uma semente especial
que dá flores e frutos
onde a raiva destruiu

75

Gita

Pensamentos, um após o outro
o tempo todo, o tempo todo
O que me causa tanto estresse?
É a luz no morrer da noite?

O Tempo esmaga tudo
que cai sob seus pés
Nada lhe escapa
Nada lhe resiste
nem a mentira
nem a verdade
Tristeza e felicidade
são esquecidas em seu bolso
O corpo tão amado murchou
Somente os gestos de Amor
permanecem na memória

Onde os prazeres são mestres
os homens são escravos
e a vida é escuridão

No fim das contas
o destino de todo homem
é o mesmo
Malditos ou virtuosos
todos partem um dia
abandonando
palácios e joias
honra e opróbrio
riqueza e pobreza

Entretanto
nos olhos do Tempo
repousa a mais bela pintura
nada mais que o rosto do Amor
Que aqueles que O contemplam
que, Nele, se deleitem para sempre!

79

Ouro e diamantes são pedras para o sol
Não estou mais interessado em coisas brilhantes
De agora em diante, farei o que é certo:
"Semear sementes de Amor
e colher frutos de Sabedoria"

Há muito tempo
observei o rio do mundo
e percebi a finta do diabo
com ouro em seu olhar
e prata em seu sorriso
Mas a verdade é esta:
"Quando as pedras preciosas se perdem
permanecem as estrelas
cujo brilhantismo dança para sempre
na vida como na morte"

Aquele que vive em si mesmo
sabe que somos os mesmos
Serenidade ou tumulto?
Fazemos nossas próprias escolhas
e na maior parte do tempo
esquecemos que só o Amor é rei

82

Desde o amanhecer do mundo
o que vi até hoje
é que as frases do Amor
derrotaram o Tempo

Sabedoria

84

Dê meia volta na estrada do desespero
Digo-lhe que a raiva é um veneno
e a loucura
é quando você esconde seu sorriso

85

Você que tem mil sonhos
escolha um de cada vez
Sonhos são como astros
E o bom arqueiro
mira um alvo de cada vez

86

Quando prazeres
e desejos fazem falta
criam sofrimento
Quando transbordam
criam tédio

87

Diante da morte
nada vale ouro
Somente na alma
habita o tesouro divino
longe do ego que inflama
as paredes do sossego

Em meu âmago
tudo é belo e perfeito
Ali há apenas o vazio
sem areia, sem vento
sem água, sem fogo
somente a consciência infinita
como um mar sem limites
que vai além do dia e da noite
Em meu âmago
não há nada senão a eternidade

89

Você que anda bêbado
cuide de ser o tronco
do baobá
quando o vento do orgulho
soprar ao seu redor

A alegria foge do medroso
e do espírito ganancioso
como o cervo
que escapa da pantera

O caminho para a serenidade
é difícil de encontrar
É um por entre milhares
escondido daqueles
que vivem sem amar

92

Todos os seus problemas
nascem
no berço da impaciência

Observe-se em silêncio
Ouça com o coração
e cante com o universo
O universo fala
O universo canta
A resposta para seus problemas
anda em sua sombra

94

Quem deseja a vida bela
deve falar com a tartaruga
que detém a chave da paciência

95

Ande suavemente
fale gentilmente
e responda delicadamente
Ao cair do dia
deite-se
e durma tranquilamente
Essa é a vida bela

"Cuidado, cuidado
a paixão é um veneno"
Você que deseja a Beleza
Beladona está a caminho
Beladona, linda flor
com vestida majestosa
e uma fragrância de encantamento
Admire-a, mas não a cobice
Observe-a, mas não a consuma
Beladona é linda
porém, canto e repito
"Cuidado, cuidado
a paixão é um veneno"

97

A humanidade é palha
que recobre a Terra
Portanto, minha amiga
seja paciente, seja gentil
e lembre-se:
*"Uma gota de ódio
pode incendiar o mundo"*

Antes de meu pai partir, ele me disse: *"Meu filho, não olhe para o mundo com seus olhos. Observe-o com os olhos do sol. Assim, conhecerá seu propósito"*.
"Ame a todos. Ame a todos", murmurou no último instante.
Viaje em paz, pai.
O amor que você me ensinou é eterno.

Aquele que vem e vai
desapegado do mundo
pratica atos de ouro
que não corroem
e nunca se desvanecem
Daqui a mil anos
essa bela alma ainda será lembrada

Os atos de ouro não constroem palácios
mas projetam milhões de sorrisos
Então, minha amiga, seja o vento
desapegada do mundo
e mostre seus dentes
brancos e perolados
Não esconda sua beleza

Ame a si mesmo
ame seu próximo
ame o universo
e ame o questionamento
Se assim o fizer
o destino pode enganá-lo
a morte pode surpreendê-lo
contudo, sua vida não será
um relâmpago no céu

Ande, desprendida
Os caminhos são livres
e seu destino não mora
nem no passado, nem no futuro
É o diamante no brinco de cada momento
Portanto, embeleze a si mesma
Caminhe com confiança
Onde quer que vá
carregue as joias de cada instante

Não tenha medo
porque ninguém anda sozinho
Todos querem seu sucesso
Toda a existência é sua família
As florestas, as estrelas, os mares,
as luas, os sóis, os desertos, os rios…
Todos cantam e dançam
no concerto da sua existência

Por um momento
esqueça as contas a pagar
ignore as feridas a curar
abandone o medo que a escassez gera
alimente o coração que aliviará sua dor
Gratidão, gratidão!
Gratidão é tudo
Tudo é gratidão

105

Fique longe da tagarelice
Vá à morada do silêncio
Junte as mãos
e irradie a gratidão
O universo lhe será grato

É uma bênção amar seu filho
É uma bênção amar sua esposa
É uma bênção amar sua filha
É uma bênção amar seu esposo
Porém, amar o Amor e servi-Lo
é a reunião de todas as bênçãos

Escreva as linhas da sua vida
com as palavras de Amor
e as pessoas que a lerão
poderão regozijar-se
com absoluta alegria
e esquecer suas mágoas

As flores da vida
exuberantes ou murchas
falam sempre de beleza

Sofrimento e alegria
fazem parte da vida
Todavia, o Amor
cujo entendimento
está além de tudo
é o derradeiro caminho
a única estrada
que leva à Vida genuína

Modeste Herlic

Canções da alma

No desfecho de uma vida longínqua
toda forma virou cinzas
Vaidade das vaidades
toda verdade perdeu seu sentido
Sentei-me em um templo
onde reinava o silêncio
e ouvi dizer:
"O universo inteiro está em ti
Pode senti-lo se quiser"
Então sorri e consenti
com a verdade absoluta

Venha cantar comigo
na ópera da vida
Venha valsar comigo
no palco da existência
que é vasta e infinita

Se não dançar hoje
Se não cantar hoje
o que fará na morte?
Onde reina o vazio
sem palco
sem público

Venha passear pelos jardins da calma
Deixe-me te levar até a alegria da alma
Venha conhecer a si mesma

Através do ulular do vento
cantam as musas do presente
Em silêncio
ouço os maravilhosos versos do momento
Oh! Quão doce é o sussurrar do universo!

Os sonhos se tornam flautas da alma
quando o espírito anda com calma
Doce sinfonia, mas desprovida de som
Nas profundezas do silêncio
ouço as mais belas canções
A derradeira resposta não está em outro lugar
Está aqui mesmo, no jardim da minha serenidade

Disseram-me:
"Vá e encontre sua verdade"
Então construí uma estrada
no país da alma
e iniciei minha jornada

À medida que me aproximo de meu centro
a mente rosna, "É assim, não é assim"
Mas ando sereno
satisfeito e confiante

Embora a chuva de descrença
caia como pedras na minha cabeça
sinto as gotas de água afagando
minha pele lisa e dourada

O sol da ira queima
contudo, ando e agradeço
A gratidão é meu protetor!
A gratidão é o meu arco!
Em meus lábios
reina mil sorrisos
São flechas que atiro
quando a mente me ataca

Oh! Bondade, grande amiga
venha matar minha amargura
para eu alcançar meu coração
onde sou Mestre dos universos

Viemos neste mundo
para aprender muitas lições
No entanto
o verdadeiro aprendizado
descansa no armário da alma
Guarda-roupa invisível!
Abra-se! Abra-se!
Quero ver a mim mesmo

O Sonhador

Sou Fubbi
poeta para uns
sonhador para outros
porém, no fundo
não sou nenhum dos dois

Em meu reino íntimo
respira um jardim sublime
onde meu trono é grandioso

Aos olhos do mundo
na maior parte do tempo
sobre areias movediças
sou apenas *"pensamentos"*
que se deixam levar
por entre as almas cegas
neste mundo confuso
onde subo os degraus
do desconhecido

No fim das contas
sou um ser comum
quem vê, pensa e julga
Mas às vezes, em solidão
meus sonhos viram poemas